LES
NOUVELLES FRONTIÈRES
DE L'EUROPE

SAYNÈTE HUMORISTIQUE

PAR

G. HENNEQUIN

PARIS

E. DENTU, ÉDITEUR

LIBRAIRE DE LA SOCIÉTÉ DES GENS DE LETTRES

15, 17 et 19, galerie d'Orléans

1882

Tous droits réservés.

PRIX : 1 FRANC

LES NOUVELLES FRONTIÈRES

DE L'EUROPE

PARIS. — TYPOGRAPHIE A. HENNUYER, RUE DARCET, 7.

LES
NOUVELLES FRONTIÈRES
DE L'EUROPE

SAYNÈTE HUMORISTIQUE

PAR

C. HENNEQUIN

PARIS

E. DENTU, ÉDITEUR

LIBRAIRE DE LA SOCIÉTÉ DES GENS DE LETTRES

15, 17 et 19, galerie d'Orléans

1882

Tous droits réservés.

LES NOUVELLES FRONTIÈRES

DE L'EUROPE

Le cabinet de travail de la République de Saint-Marin.
Au fond, contre le mur, la statue de l'Humanité.

SCÈNE PREMIÈRE.

LA RÉPUBLIQUE DE SAINT-MARIN, mignonne et jolie fillette, paraissant avoir une douzaine d'années, bien qu'elle soit âgée de plusieurs siècles, est assise dans un grand fauteuil placé au haut bout d'une grande table recouverte du traditionnel tapis vert ; elle parcourt successivement des journaux épars sur la table :

Encore des bruits de guerre ! Mes grandes sœurs, les puissances européennes, après tout ce qui s'est passé depuis douze ans, ne pourront-elles donc parvenir à vivre quelque temps en paix !...

Combien je suis heureuse de n'être qu'un petit coin de terre, un pays *minuscule,* comme on m'appelle ! j'y gagne du moins de pouvoir vivre tranquille et travailler, et toutes mes sœurs sont d'accord pour m'aimer et me protéger ; aussi, moi qui, de mon côté, les aime toutes, je donnerais tout au monde pour les voir cesser de se faire les gros yeux et de se méfier toujours les unes des autres !... Ma foi ! tant pis ! elles vont peut-être trouver mon audace bien grande, et j'en connais qui vont en sourire, mais j'ai envie de m'interposer entre elles, et de prouver que si, suivant le proverbe, l'exemple doit partir d'en haut, il peut quelquefois partir d'en bas.

Je vais leur envoyer une circulaire ! Comment dit-on ?... une circulaire diplomatique, et les prier de se réunir ici, dans mon cabinet; en se serrant un peu il y aura toujours assez de place autour de ma table. (Elle prend une plume et écrit.)

« Ma chère amie, j'apprends, par les journaux, qu'une nouvelle guerre serait non seulement probable, mais prochaine, et que, commencée entre deux ou trois d'entre vous, elle y entraînerait toutes les autres. C'est moi, votre sœur, *la petite Marinette*, comme vous aimez à m'appeler, qui vient vous supplier de laisser là, pour un instant, la diplomatie et vos diplomates, et de consentir à vous réunir chez moi, dans quinze jours, à partir de la date de la présente lettre. En apportant, chacune, à cette réunion intime, un peu de bienveillance réciproque et d'esprit de conciliation, je suis certaine que vous parviendrez à vous entendre et à éviter de nouveaux fléaux à l'humanité, qui, hélas ! ne demande qu'une chose, c'est qu'on la laisse un peu tranquille et qu'on lui permette, une fois pour toutes, de respirer et de travailler.

« Je vous attends avec impatience pour le jour dit.

« MARINETTE. »

SCÈNE II.

(Quinze jours après. — La République de Saint-Marin est assise à la même place ; sept fauteuils sont disposés d'avance autour de la table.)

LA RÉPUBLIQUE DE SAINT-MARIN

Pas de réponses!... mais, pas de nouvelles, bonnes nouvelles!... J'ai toujours l'espoir qu'elles vont arriver... (On entend des pas, et un bruit de fourreaux de sabre traînant dans l'escalier, puis dans l'antichambre.) Les voici ! ou du moins en voici ! Je reconnais le bruit de leurs sabres... Dire qu'elles ne peuvent pas faire un pas sans traîner cet affreux instrument après elles !... (Montrant le bouquet d'épis et d'olivier qui est passé dans sa ceinture.) Le voilà, mon sabre à moi!... et il en vaut bien d'autres !

(La porte s'ouvre. L'Italie entre la première.)

L'ITALIE, se baissant pour prendre la République de Saint-Marin dans ses bras et l'embrasser au front.

Bonjour, ma chère petite Marinette.

MARINETTE, l'embrassant à son tour.

Bonjour, ma sœur et marraine, combien je suis heureuse de vous voir répondre à mon rendez-vous !

(Entrent, successivement, la France, l'Espagne, l'Angleterre, l'Allemagne, l'Autriche et la Russie ; toutes prennent, l'une après l'autre, Marinette dans leurs bras et l'embrassent.)

Que je suis heureuse, mes sœurs, de voir que vous m'avez fait l'honneur de répondre à mon appel ! Veuillez vous asseoir, et, si vous voulez, nous allons ouvrir de suite la séance. — Mais, à propos, il faut commencer par nommer une présidente...

TOUTES LES PUISSANCES.

Mais! la présidente, naturellement désignée, c'est vous, Marinette.

MARINETTE, bas et à part.

Quel honneur! (S'installant lestement dans son fauteuil et tout haut). Eh! bien, j'accepte. (D'un ton solennel,) La séance est ouverte et je prends la parole.

Mes chères amies, vos journaux ne cessent pas, depuis longtemps déjà, d'annoncer qu'une guerre est prochainement à craindre, entre vous, ainsi que je vous l'ai dit dans ma lettre. Quelle est donc celle d'entre vous qui a des griefs assez graves contre une autre pour recommencer encore ce terrible jeu?

L'ALLEMAGNE, gravement.

Aucune de nous n'a à se plaindre sérieusement d'une autre. Mais, quoique étant en paix, il y a une question grave qui nous divise et qui continuera à nous diviser, tant qu'elle ne sera pas définitivement réglée.

LA RUSSIE.

Parfaitement.

L'ITALIE.

Je suis du même avis.

MARINETTE.

Et.... quelle est cette grave question?

L'ALLEMAGNE.

La question des nationalités! Cette fameuse question que la France a été la première à agiter en 1859.

LA FRANCE.

Je m'en fais gloire!

L'ALLEMAGNE, avec une pointe d'ironie.

Alors, c'est, probablement, pour être conséquente avec ce principe, que vous avez été la première à soutenir les armes à la main, que vous vous êtes annexé le comté de Nice, qui est essentiellement italien, et que vous continuez à le garder?... Moi aussi je suis partisan, et tout autant que vous, de ce principe, mais, au moins, je suis logique et je ne réclame pour l'Allemagne que les pays d'origine allemande.

LA FRANCE.

Et c'est aussi pour être conséquente avec ce principe que vous continuez à garder Metz et les territoires de langue française que vous avez englobés dans votre frontière.

MARINETTE, tout bas et avec inquiétude.

Ah! cela, est-ce qu'elles vont déjà commencer à se quereller?...

L'ALLEMAGNE, répondant à la France.

Je le reconnais! Mais, vous savez, comme moi, qu'il y a des considérations stratégiques qui contrarient souvent les bonnes intentions qu'on pourrait avoir.

MARINETTE, à l'Allemagne.

Permettez, ma chère sœur! nous nous sommes réunies ici, non pour discuter les nécessités stratégiques, mais pour tâcher, au contraire, de trouver le moyen de les rendre inutiles, en arrivant à un accord général et satisfaisant tout le monde.

LA FRANCE, à l'Allemagne.

Rendez-moi Metz et les territoires de langue française, et je m'engage à rendre immédiatement la province de Nice à l'Italie.

L'ALLEMAGNE.

Eh bien, admettons que je consente ! pour être conséquente, comme vous, avec le principe des nationalités ! qui me garantira que, plus tard, vous ne soulèverez pas de nouvelles revendications et que nous ne serons pas, par prudence, forcées à rester toutes les deux sur le pied de paix armée, comme nous le sommes depuis onze ans ?

LA FRANCE.

Si vous adhérez à ce que je vais vous proposer, je m'engagerai à renoncer, pour l'avenir, à toute autre revendication.

L'ALLEMAGNE.

Expliquez-vous ; je vous écoute.

LA FRANCE.

Je propose que l'Alsace forme un pays indépendant, autonome et gouverné par *un Alsacien*, nommé par le suffrage universel.

L'ALLEMAGNE.

Mais, alors, il faudrait opérer une réorganisation complète du pays, comme administration, finances et cætera !

LA FRANCE.

Une assemblée alsacienne, nommée également au suffrage universel, y pourvoirait et se composerait d'un nombre de représentants égal au nombre *des anciens arrondissements*. Une fois la constitution votée par elle, le gouverneur ou le président, selon que la constitution décidera qu'il sera dénommé, sera élu par le suffrage universel, ainsi que je le disais tout d'abord. Les Alsaciens sont, Dieu merci ! assez intelligents et

assez sages pour faire eux-mêmes leurs affaires !
Quant aux intérêts financiers de l'Allemagne, ils
seraient réglés, à l'amiable, dans des séances spécia-
les, par la chambre des représentants, auxquelles
prendrait part une délégation de commissaires en-
voyés par l'Allemagne.

L'ALLEMAGNE.

Soit ! J'accepte... mais, à titre d'essai !

LA FRANCE.

Mais, dans ce cas, il faudrait commencer cet essai
le plus tôt possible, d'ici à six mois, par exemple.

L'ALLEMAGNE.

Je m'y engage. Mais il sera entendu que si, de
l'aveu des autres puissances, l'essai n'a pas réussi
après trois années, je reprendrai mes droits actuels.

LA FRANCE.

Mais, si, comme j'en suis convaincue, l'essai réus-
sit ?

L'ALLEMAGNE, gravement.

Tout sera dit, alors !... et vous pouvez compter sur
ma parole.

LA FRANCE.

Mais il est convenu qu'en attendant cet essai et
son résultat, vous me rendrez Metz et les pays de langue française que vous vous êtes annexés, pendant
que, de mon côté, je rétrocéderai Nice et sa province
à l'Italie.

L'ALLEMAGNE, après un instant de sombre réflexion.

J'accepte !

MARINETTE.

Bravo ! voilà que l'on commence non seulement à
s'écouter, mais à s'entendre.

L'ITALIE, à la France.

Vous venez d'avoir là un bon mouvement, ma chère France ! (L'embrassant et, tout bas, à l'oreille.) Vous savez qu'au fond je n'ai jamais cessé de vous aimer.

LA FRANCE, à demi-voix, à l'Italie.

Et vous pouvez même occuper la Tunisie à ma place, si vous voulez ; à une condition pourtant, c'est que vous y protégerez les Français et leurs intérêts financiers et autres avec autant de soin et de conscience que les vôtres.

L'ITALIE, avec empressement.

Je m'en charge, chère amie, et vous pouvez compter sur moi, comme si j'étais vous-même.

(L'Allemagne, qui a entendu ce colloque entre la France et l'Italie, frappe violemment le parquet du fourreau de son sabre.)

MARINETTE, tressautant sur son fauteuil.

Ah ! je vous en prie, ma chère amie, ne frappez pas si fort ! d'abord vous m'avez fait peur ; ensuite, votre sabre est si gros et si lourd, qu'en frappant comme cela, vous pourriez enfoncer mon pauvre petit parquet.

L'ALLEMAGNE, riant.

Ne faites pas attention, Marinette, c'est un simple mouvement nerveux.

MARINETTE, bas et à part.

Heureusement que ce n'est qu'un simple mouvement nerveux !... (S'adressant à l'Allemagne.) Et quel est le motif de ce... simple mouvement nerveux ?

L'ALLEMAGNE.

Ce mouvement m'a échappé en entendant la France offrir tranquillement à l'Italie non seulement le comté de Nice, ainsi qu'il était convenu, mais encore d'occuper la Tunisie à sa place, à la condition de se charger de protéger leurs intérêts communs.

MARINETTE.

Eh bien ! quel mal voyez-vous à cela ?

L'ALLEMAGNE.

J'y vois ! j'y vois !... un partage de la côte du nord de l'Afrique entre elles deux, parbleu !

LA FRANCE ET L'ITALIE.

Mais pas du tout ! telle n'est pas notre intention.

L'ALLEMAGNE.

En tout cas, il n'y aura, sur cette côte, que vous deux, seules, comme puissances européennes.

MARINETTE, s'adressant à l'Allemagne.

Mais qui vous empêche d'occuper la Tripolitaine, à l'est, pendant que l'Espagne occuperait, elle, le Maroc, à l'ouest ? Il me semble que la côte nord de l'Afrique serait ainsi occupée d'une façon aussi équitable que favorable à la civilisation.

L'ALLEMAGNE, réfléchissant d'un air sombre.

Tripoli ! Tripoli !... Je ne m'en soucie déjà pas tant de Tripoli et de tous vos pays à fièvres !...

MARINETTE.

D'abord, il n'y a pas autant de fièvres qu'on le dit ! ensuite, songez donc, ma sœur, que vous, chez qui les bras sont en si grand nombre que des milliers de vos enfants émigrent, chaque année, pour aller en Amérique chercher du travail et coloniser, vous aurez là, près de chez vous, toute une colonie qui ne demande qu'à être fondée ! sans compter les produits naturels du pays : les fruits, les étoffes, la poudre d'or... et cætera.

L'ALLEMAGNE, se déridant.

Petite enjôleuse ! (Donnant une petite tape sur la joue à Marinette.) Eh bien ! j'accepte... ne serait-ce que pour vous faire plaisir !...

MARINETTE.

Merci.

L'ESPAGNE.

Et va pour le Maroc ! je me charge de le coloniser, moi.

MARINETTE.

Tout va pour le mieux. Voyez, mes sœurs, comme cela serait beau ! quatre grandes puissances occupant, *d'accord*, la côte nord de l'Afrique, non seulement ne se jalousant pas, mais se prêtant un appui mutuel pour refouler la barbarie et fouiller enfin, une bonne fois, cette contrée mystérieuse qu'on appelle l'Afrique centrale. Voyez quels avantages résulteront de cette union, au point de vue des missions que vous envoyez toutes, *séparément*, dans cette région si redoutable, missions desquelles les plus intrépides ou les plus heureux rapportent, au prix de mille souffrances et de mille dangers, quelques renseignements ; d'autres reviennent épuisés et sans résultat, et d'autres, hélas ! ne reviennent plus. En réunissant vos efforts, en mettant en commun le génie de vos savants, vos ressources en hommes et en argent ; en un mot, tous vos moyens d'action, voyez à quels brillants et féconds résultats vous pouvez arriver d'ici à dix ans !

L'ALLEMAGNE, LA FRANCE, L'ESPAGNE ET L'ITALIE.

Bravo ! Marinette.

L'ANGLETERRE.

Tout cela est bel et bon, mais... !

MARINETTE.

Mais !... Quoi ?

L'ANGLETERRE.

Mais, moi ? (Désignant l'Autriche et la Russie.) et ces dames ?... (Se reprenant.) je veux dire ces dames et moi ?...

MARINETTE.

J'y arrive ; mais j'ai commencé par le plus pressé.
Vous me permettez, chères amies, de continuer à
exprimer mes idées ?

TOUTES.

Continuez ! continuez !

MARINETTE, s'adressant à l'Angleterre.

Que diriez-vous, ma sœur, si l'on vous proposait les
cinq choses suivantes :

1° L'indépendance de l'Egypte et son autonomie,
sous son prince actuel et *sous votre protectorat* ;

2° La réunion, *dans une sorte de syndicat*, de toutes
les puissances créancières de l'Egypte, syndicat dont
vous auriez la présidence, en vous engageant à protéger les intérêts qui vous seraient confiés *tout aussi
bien que les vôtres* ;

3° La neutralisation *absolue* de la Méditerranée, qui
deviendrait un lac commun à vous toutes, mais où il
serait interdit à n'importe laquelle de provoquer ou
d'accepter un combat quelconque avec *une autre puissance européenne, quelle qu'elle soit* ;

4° En cas de dissentiment amenant une déclaration
de guerre, la fermeture immédiate des détroits, *quels
qu'ils soient*, et ces détroits restant seulement ouverts
aux navires de commerce de toutes les nations.

Que diriez-vous de cette combinaison ?

L'ANGLETERRE.

Mais ! elle me plairait fort... seulement vous comprendrez qu'il serait dur pour moi, si, ce qu'à Dieu ne plaise ! j'avais à soutenir une guerre maritime, de voir immobilisée à Malte ma flotte de la Méditerranée.

MARINETTE.

J'ai l'honneur de vous répéter, comme pour *les considérations stratégiques* de tout à l'heure, que nous sommes ici pour tâcher d'empêcher ou de prévenir les chances de guerre entre vous. Or, je crois que les conditions et les arrangements que je propose peuvent contribuer à arriver à ce résultat.

L'ANGLETERRE.

Mais, enfin, Marinette, si, toujours à ce qu'à Dieu ne plaise ! j'avais à lutter, sur mer, avec une autre puissance du Nord ?

MARINETTE.

Eh ! bien, vous, puissances *du Nord*, vous possédez, toutes, une flotte *du Nord* et vous régleriez votre différend dans les autres mers dont vous occupez les côtes. Il me semble, Dieu merci ! qu'il y a assez de place dans la Baltique, la mer du Nord, et, au besoin, l'océan Atlantique, pour pouvoir donner une libre carrière à vos *fureurs guerrières*, en voulant bien laisser tranquille la Méditerranée, qui serait, je le répète, *un lac européen neutralisé*.

L'ANGLETERRE.

Mais, si j'ai la guerre, je le répète, et que les détroits soient fermés aux flottes belligérantes, comment pourrais-je protéger mes colonies dans l'Inde ?

MARINETTE, souriant.

Vous aurez, pour les protéger, vos stations na-
vales des Indes, et je crois que vous n'en man-
quez pas, par là, de vaisseaux de guerre, ma chère
sœur ?

L'ANGLETERRE, après un moment de réflexion rêveuse.

Eh bien, j'accepte... jusqu'à plus ample informé.

MARINETTE.

Cela va de mieux en mieux. A vous maintenant,
ma sœur d'Autriche. Continuez-vous à consentir à
m'écouter, mes chères amies ?

TOUTES.

Oui ! oui !

MARINETTE.

Depuis le traité de Berlin, l'Autriche a pris dans la
Bosnie et dans l'Herzégovine la position qu'elle était
en droit de prendre et est devenue, dans cette région,
la sentinelle avancée de la civilisation européenne.
Dans ces contrées, courbées encore sous le sabre et
le bâton des Turcs, n'est-il pas temps d'en finir avec
cette oppression odieuse, qui dure depuis quatre
cent trente années, et qui a eu pour origine l'invasion
des hordes asiatiques que l'Europe épouvantée a
laissé y pénétrer et s'y camper avec une audace hu-
miliante pour elle, j'allais dire honteuse ? Eh bien !
que l'Autriche continue son rôle, j'allais dire sa mis-
sion, en étendant son occupation, réserve faite, bien
entendu, des royaumes de Serbie et de Roumanie,
jusqu'au golfe de Salonique et jusqu'aux frontières de
la Roumélie occidentale et qu'elle s'engage à protéger, dans tout ce grand pays, les intérêts *de toutes*

les autres puissances européennes. En quoi ce plan pourrait-il vous déplaire ou vous gêner, mes chères amies?

LA RUSSIE.

Mais...

MARINETTE.

Un moment de patience! Quels inconvénients, je le dis encore, verriez-vous à cette convention?

TOUTES.

Aucun, après tout.

MARINETTE.

Mes chères amies, le traité de Berlin est principalement survenu à la suite de la guerre terrible que notre sœur, la Russie, a soutenue héroïquement, il y a quatre ans, contre le peuple envahisseur dont je parlais tout à l'heure, peuple endurci dans la barbarie, et dont la présence est une véritable tache sur la carte d'Europe.

L'ANGLETERRE.

Diable! mais... c'est aller un peu vite, Marinette.

MARINETTE.

Je maintiens ce que je viens de dire. Dans cette guerre mémorable, la Russie a sacrifié ses soldats par milliers et son argent par millions, pour refouler le plus loin possible ce qui subsiste encore du camp que les hordes de Mahomet II sont venues audacieusement planter dans l'Europe centrale.

La Russie n'a retiré de cette terrible lutte aucun avantage direct, elle n'en a retiré que la gloire des champs de bataille et l'honneur d'avoir versé son sang pour la civilisation, en rejetant en arrière les derniers restes de la barbarie du moyen âge. Constantinople en est resté le dernier boulevard, et l'empire ottoman s'est fait, jusqu'à présent, un élixir de longue vie des dissentiments qu'a toujours fait naître entre les puissances européennes la question de savoir quelle est celle d'entre elles qui remplacerait ce vieil édifice vermoulu qui ose s'appeler encore *la Turquie d'Europe*. Ne pouvant partager entre vous ce gâteau (pardonnez-moi cette expression), aucune de vous n'entend qu'une autre y touche, et Dieu sait ce que ce dissentiment, fondé sur l'égoïsme, vous a coûté de sang et d'or.

L'ANGLETERRE.

Eh bien ! que concluez-vous, Marinette ?

MARINETTE.

Je conclus que, du moment où vous avez accepté, toutes, la neutralisation absolue de la Méditerranée et les mesures tendant à prévenir toutes chances de conflits entre vous, ou du moins à proscrire toute guerre maritime dans cette mer, je conclus que la puissance désignée naturellement pour occuper Constantinople et la Roumélie, c'est la *Russie*.

(Mouvement général.)

L'ANGLETERRE, fortement émotionnée.

Avez-vous bien réfléchi, ma chère enfant, avant de nous faire une proposition pareille ?

MARINETTE, d'un ton résolu.

J'ai réfléchi et je ne vois dans l'adoption de ma proposition qu'un obstacle, c'est si elle pouvait constituer, pour une d'entre vous, un dommage *sérieux* et *direct.* Voyons, ma sœur d'Angleterre, du moment que le canal de Suez restera ouvert *toujours et quand même* à toutes les marines de commerce, quel préjudice la présence de la Russie à Constantinople peut-elle vous causer directement? Voyons, dites?

L'ANGLETERRE.

Aucun préjudice *direct* certainement ; mais cela constituerait pour elle une prépondérance maritime qui...

MARINETTE.

Qui ne pourrait faire tort en rien à la vôtre. Ma chère amie, on peut envisager les choses d'une manière large et généreuse, lorsqu'on est aussi forte et aussi puissante que vous.

L'ANGLETERRE, réfléchissant un instant et souriant dans le sentiment de sa puissance.

Eh bien ! j'accepte ; mais si la Russie s'engage, sur l'honneur et devant nous toutes, à ne *jamais* et *sous quelque prétexte que ce soit*, attaquer ou seulement *inquiéter* mes possessions de l'Inde.

LA RUSSIE, se levant.

Je le jure ici devant vous toutes et sur l'honneur de mon drapeau.

MARINETTE, aux autres puissances.

Et vous, mes amies, y contredisez-vous?

TOUTES.

Non ! non ! Approuvé.

MARINETTE.

Enfin ! voilà donc la dernière barrière qui vient de tomber, et nous voilà toutes satisfaites et d'accord.

TOUTES.

Oui ! oui ! Bravo ! Marinette.

MARINETTE.

Je demande qu'un nouveau Congrès se réunisse, à bref délai, pour sanctionner les arrangements qui viennent d'être conclus et régler les détails de leur exécution.

TOUTES.

Très bien !

(En ce moment un vasistas placé dans le mur qui fait face à Marinette s'ouvre et la Turquie passe la tête.)

LA TURQUIE.

Ne vous gênez pas, mesdames, et continuez à vous partager tranquillement mes possessions d'Europe et d'Afrique. (S'adressant à Marinette.) Et c'est toi, petite effrontée, qui te permet...

MARINETTE, l'interrompant.

Oh ! quant à vous, ma mie, ce que vous avez de mieux à faire, c'est de nous laisser tranquilles et de vous retirer là d'où vous êtes venue. Vous êtes un fléau en Europe ; vous serez une perle en Asie. Congé vous est donné ; n'attendez pas qu'on vous expulse !

LA TURQUIE, furieuse, s'adressant aux puissances de l'Europe.

Je ne vous payerai pas ma dette !

MARINETTE.

Cela ne changera rien à vos habitudes.

LES PUISSANCES.

Nous verrons bien.

(La Turquie retire la tête du vasistas et le referme violemment.)

MARINETTE.

Ah ! quel débarras !

TOUTES.

Oh ! oui.

MARINETTE.

Et maintenant, au revoir, mes sœurs, et merci encore; quand vous le désirerez vous me retrouverez
toujours ici.

TOUTES.

Adieu, chère Marinette.

(Elles sortent.)

MARINETTE, seule.

Ah ! je suis bien heureuse ! Quel succès pour Marinette ! Avoir fait prévaloir ses idées dans une réunion des grandes puissances ! Quelle gloire !... (Elle
s'interrompt et fixe les yeux sur la statue de l'Humanité qui est en face
d'elle.) Mais non ! ce n'est pas à moi que revient cette
gloire... (Tendant les bras vers la statue.) c'est à toi qu'elle
revient, ô sainte Humanité, notre mère à tous, et Marinette te remercie d'avoir choisi sa faible voix pour
faire entendre la tienne.

FIN.